Dieses Buch gehört:

© Alexa Gelberg

Christine Nöstlinger (1936–2018), in Wien geboren und aufgewachsen, zählt zu den erfolgreichsten Kinder- und Jugendbuchautoren der Gegenwart. Nach dem Abitur studierte sie zunächst Gebrauchsgrafik an der Akademie für Angewandte Kunst. 1970 veröffentlichte sie ihr erstes Kinderbuch, das Bilderbuch „Die feuerrote Friederike". Sie hat über 100 Bücher für alle Altersgruppen herausgebracht, fantastische und realistische, immer sozial engagierte Geschichten, die in viele Sprachen übersetzt worden sind.

© Sonja Och

Erhard Dietl lebt als freier Schriftsteller und Illustrator in München. Er hat über 100 Kinderbücher veröffentlicht, mit großem nationalem und internationalem Erfolg. Seine Bücher wurden mehrfach ausgezeichnet. Zu seinen erfolgreichsten Figuren gehören die anarchischen Olchis, die sogar Büchermuffel zum Lesen und Lachen bringen.

Christine Nöstlinger

Freundschafts-
geschichten vom Franz

Bilder von
Erhard Dietl

Verlag Friedrich Oetinger · Hamburg

Inhalt

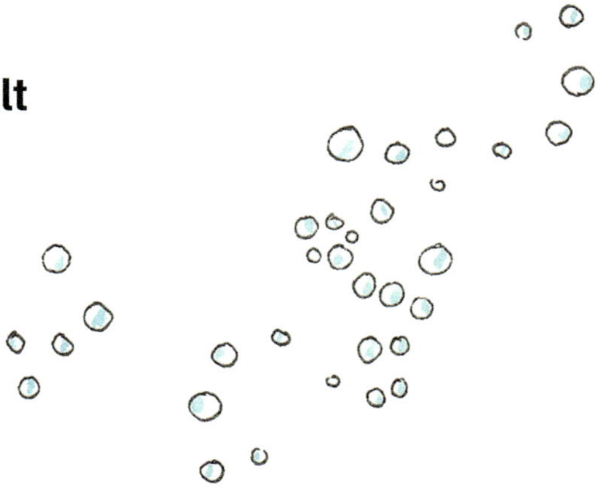

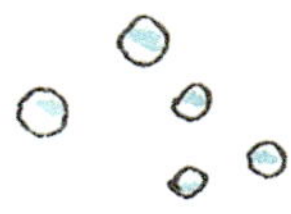

Jede Menge Probleme

Der Franz Fröstl wird bald neun Jahre alt. Er wohnt mit seiner Mama, seinem Papa und seinem Bruder in der Hasengasse. Der Bruder heißt Josef und ist sechs Jahre älter als der Franz.

Eigentlich geht es dem Franz sehr gut. Aber jede Menge Probleme hat er trotzdem.

Das größte Problem vom Franz ist seine Stimme. Die wird hoch und piepsig, wenn er sich aufregt. Und wenn er sehr aufgeregt ist, bringt er überhaupt keinen Ton mehr raus.

Damit, dass er sehr klein ist, hat der Franz auch ein Problem.

Obwohl er schon bald in die dritte Klasse kommt, fragen ihn fremde Leute oft: „Na, Kleiner, wann kommst du denn in die Schule?“

Aber wenigstens sagt jetzt niemand mehr „Na, Kleine“ zu ihm. Früher hat der Franz das fast jeden Tag hören müssen. Doch seit seine Nase gewachsen ist und sein Mund breiter geworden ist, schaut er nicht mehr wie ein Mädchen aus.
Freundschafts-Probleme hat der Franz auch.

Sein ältestes Freundschafts-Problem hat er mit seinem großen Bruder. Schrecklich gern würde der Franz sagen: „Mein allerbester Freund ist mein Bruder, der Josef!“
Bloß denkt der Josef nicht daran, der allerbeste Freund vom Franz zu sein. Er nennt ihn „Stöpsel“ und „Zwerg“ und „Piepsmaus“. Nie spielt er mit dem Franz, nie nimmt er ihn wohin mit. Nicht mal, wenn ihn die Mama oder der Papa darum bitten.
„Der Knirps ist ein Klotz am Bein!“, sagt er.
Die Mama vom Franz behauptet, dass der Josef den Franz in Wirklichkeit sehr lieb hat.
„Er ist halt bloß in einem ruppigen Alter“, erklärt sie dem Franz.
Der Franz fragt dann immer: „Wie lange dauert das ruppige Alter noch?“
„Sicher nimmer lange“, antwortet die Mama jedes Mal.
Seit vielen Jahren sagt sie das. Tausendmal hat es der Franz schon gehört, und er hat es längst aufgegeben, daran zu glauben.

Oft kuschelt sich der Franz vor dem Einschlafen in die Decke und denkt sich einen Josef aus, der sein allerbester Freund ist.
Einen Josef, der mit ihm aus Lego-Steinen den Stephansturm baut und ihm schwierige Rechnungen erklärt und ihn mit ins Schwimmbad und zum Eislaufen nimmt.
Manchmal träumt er dann sogar in der Nacht von diesem Josef. Das sind so schöne Träume, dass er am nächsten Morgen ganz glücklich aufwacht.
Und so denkt sich der Franz: Hauptsache, ich habe einen Bruder, der mein allerbester

Freund ist. Ob im Traum oder in Wirklichkeit, ist doch fast egal!
Außerdem, sagt sich der Franz, habe ich im wirklichen Leben sowieso zwei allerbeste Freunde. Das muss reichen!
Die zwei allerbesten Freunde vom Franz sind die Gabi Gruber und der Eberhard Most.

Die Gabi wohnt im Haus vom Franz, in der Wohnung nebenan. Nach der Schule geht der Franz mit ihr heim und bleibt bei ihr, bis seine Eltern von der Arbeit kommen.
Der Franz liebt die Gabi. Die Gabi liebt den Franz auch. Sonst würde sie ja nicht so oft sagen: „Wenn wir achtzehn Jahre alt sind, heiraten wir und bekommen sechs Kinder!"

Aber leicht hat es der Franz mit der Gabi nicht. Sie kann sehr launisch sein. Und immer muss alles nach ihrem Kopf gehen! Tut der Franz nicht, was sie will, wird sie fuchsteufelswild.

Die Gabi-Mama schimpft dann mit ihrer Tochter. Aber das macht die Gabi nur noch fuchsteufelswilder, und sie schreit: „Wegen dir Zweikäsehoch bekomme ich dauernd Stress mit meiner Mama!“
Also tut der Franz brav, was die Gabi will.
Der Eberhard Most sitzt in der Schule neben dem Franz.

Er beschützt den Franz seit dem ersten Schuljahr. Nicht nur dann, wenn es nötig ist. Bekommt der Franz vor Aufregung wieder mal seine Pieps-Stimme und lacht ihn ein Kind deswegen aus, kriegt es dieses Kind mit dem Eberhard zu tun!

Der Eberhard ist der größte und stärkste Bub der Klasse. Da reicht es, wenn er knurrt: „Lass meinen Franz in Ruhe, sonst setzt es was!"

Dumm ist bloß, dass der Eberhard und die Gabi einander nicht leiden können. Der Eberhard hält die Gabi für ein zickiges Biest. Die Gabi hält den Eberhard für einen öden Langweiler.

Sooft der Franz versucht hat, mit der Gabi und dem Eberhard etwas zu unternehmen, ist es schiefgegangen. Jedes Mal hat es Streit gegeben. Und weil der Franz keinen Streit mag, versucht er erst gar nicht mehr, eine Freundschaft „zu dritt“ zu haben.
Also hat er beschlossen: Der Eberhard ist mein Vormittags-Freund, die Gabi ist meine Nachmittags-Freundin!
Mit dieser Einteilung ist die Gabi zufrieden, weil sie nicht in der Klasse vom Franz und vom Eberhard ist.
Sie geht in die 2a. Der Franz und der Eberhard gehen in die 2b.
Der Eberhard ist mit dieser Einteilung nicht zufrieden. Er wäre auch am Nachmittag gern mit dem Franz zusammen. Immer wieder lädt er den Franz zu sich nach Hause ein.
„Du kannst doch auch bei *mir* Mittag essen“, lockt er den Franz. „Meine Mama kocht super! Und nachher könnten wir mit ihr in den Zoo fahren. Oder in den Prater.“

Aber der Franz lässt sich nicht locken. Er bleibt bei seiner Vormittags-nachmittags-Einteilung. Und weil der Eberhard sehr gutmütig ist, nimmt er das dem Franz nicht übel.

Eine Handbreit kleiner!

Zwei Wochen vor den Osterferien, am Freitag, hockte der Franz auf Gabis Bett und schaute der Gabi beim Radschlagen zu. Was die Gabi zuwege brachte, sah eher nach Purzelbaum seitwärts aus.
Aber der Franz ist ein höfliches Kind. Also log er nach jedem Versuch: „Super, Gabi! Bald kriegst du es perfekt hin."
Gerade, als die Gabi wieder ein Rad zu schlagen versuchte, kam die Gabi-Mama ins Zimmer.
„Nanu", kicherte sie, „spielst du betrunkener Maikäfer?"
Die Gabi rappelte sich vom Boden hoch und zischte: „Raus! Du störst!"
Der Franz mag es nicht, wenn die Gabi so frech mit ihrer Mama redet.
Aber die Gabi-Mama ist nicht zimperlich. Sie sagte bloß: „Junge Dame, brems dich ein!"
Dann hielt sie der Gabi einen

Fünf-Euro-Schein hin und sagte: „Seid lieb und holt Fencheltee aus dem Supermarkt. Die Kleine hat Bauchweh."
Die „Kleine" ist die Baby-Schwester der Gabi.
Die Gabi sagte: „Ja, ja. Später!"
„Jetzt gleich!", sagte die Gabi-Mama.
„Jetzt gleich muss ich Radschlagen üben!", rief die Gabi und funkelte ihre Mama böse an.
Der Franz rutschte vom Bett, nahm der Gabi-Mama den Fünf-Euro-Schein aus der Hand und sagte: „Ich mach das!"
Der Gabi zuzuschauen, wie ihr kein Rad gelang, war ohnehin langweilig.

„Danke, lieber Franz“, sagte die Gabi-Mama. „Wenigstens auf dich kann ich mich immer verlassen.“
Der Franz trabte in den Supermarkt. Doch dort gab es keinen Fencheltee. Die Frau an der Kasse riet dem Franz: „Nebenan in der kleinen Drogerie kriegst du sicher welchen.“
„Danke“, sagte der Franz und lief zur Drogerie.

Als er die Tür öffnete, bimmelte eine Glocke. Der Laden war klein und ziemlich düster. Und weil draußen heller Sonnenschein war, kam der Laden dem Franz noch düsterer vor.
Der Franz schaute sich um. An den Wänden waren Regale voll Schachteln und Gläsern. Vor einer Regalwand war ein Verkaufspult. Darauf saß ein sehr kleines Mädchen mit einer zu großen Baseball-Kappe auf dem Kopf. Bis über die Ohren reichte ihr die Kappe, und der Schirm bedeckte ihr Gesicht bis zur Nasenspitze.
„Guten Tag“, sagte der Franz.

Das sehr kleine Mädchen nickte.
Der Franz wartete. Wahrscheinlich, dachte er, ist die Verkäuferin auf dem Klo.
Eine Minute verging. Und noch eine Minute. Und noch eine.
Dann nahm das sehr kleine Mädchen einen Notizblock und einen Kugelschreiber vom Pult. Es schrieb etwas auf den Block, rutschte vom Pult und hielt dem Franz den Block unter die Nase.
„Womit kann ich dienen?“ stand in Schönschrift auf dem Block.

Der Franz war verwirrt, denn dieses Mädchen war – samt Kappe – garantiert um eine Handbreit kleiner als er.
Aber ein Mädchen, das schreiben konnte, musste ja wohl in die Schule gehen. Und wer so schön schreiben konnte, ging sicher nicht in die erste Klasse.
Also war dieses Mädchen mindestens so alt wie er.
Der Franz hatte noch nie ein gleichaltriges Kind getroffen, das kleiner war als er!
„Fencheltee", piepste der verwirrte Franz.
Das sehr kleine Mädchen ging zu einem Regal, nahm eine Packung Fencheltee und drückte sie dem Franz in die Hand. Dann riss es das beschriebene Blatt vom Block und schrieb auf die nächste Seite: „Macht 3 Euro, 30 Cent."
Der Franz gab ihr den Fünf-Euro-Schein.
Das sehr kleine Mädchen lief hinter das Pult.
Es zog eine Lade heraus, legte den Fünf-Euro-Schein hinein und gab dem Franz einen Euro und sieben Zehn-Cent-Münzen.

„Ich heiße Franz“, sagte der Franz, steckte das Geld ein und war erleichtert, dass er nicht mehr piepsen musste.
Das sehr kleine Mädchen riss das beschriebene Blatt vom Block und schrieb auf die nächste Seite: „Ich heiße Elfi.“
Bevor der Franz fertig überlegt hatte, was er noch sagen könnte, nahm die Elfi wieder den Kugelschreiber und schrieb auf den Block: „Besten Dank. Beehre mich bald wieder!“
Sie riss den Zettel vom Block, gab ihn dem Franz und verschwand durch eine kleine Tür zwischen den Regalen.
Der Franz stolperte mit dem Tee aus der Drogerie. Er war also gar nicht das kleinste neunjährige Kind der Stadt! Darüber hätte er sich gern gefreut.
Aber man kann sich schlecht freuen, wenn einem vor Mitleid zum Heulen ist! So klein zu sein wie diese Elfi und dann auch noch kein Wort sprechen zu können, das war fürchterlich! Stumm zu sein, dachte der Franz, ist noch

hundertmal schlimmer, als hin und wieder eine Pieps-Stimme zu bekommen. Und diese arme Elfi erträgt ihr schweres Schicksal so tapfer!
Der Franz brachte der Gabi-Mama den Tee und das Wechselgeld und sagte: „Ich gehe rüber zu mir. Ich muss noch das Geburtstags-Geschenk für die Gabi basteln."
Das war gemogelt. Das Geschenk für die Gabi, ein Haarreifen, den er mit Strass-Steinen beklebt hatte, war schon fertig.
Der Franz wollte allein sein. Warum er das wollte, wusste er selber nicht so genau.

Die Eierfarbe ist ausverkauft

Am Samstag, beim Frühstück, fragte der Franz die Mama: „Brauchen wir was aus der Drogerie?“
„Aus der Drogerie?“, staunte die Mama.
„Willst du in die Drogerie gehen?“, fragte der Papa.
Der Franz nickte.
„Warum?“, fragte die Mama.
„Nur so“, murmelte der Franz.
„Er will Wachstums-Pillen kaufen!“, ätzte der Josef.

„Schnauze!“, mahnte der Papa den Josef.
„Ostereier-Farbe vielleicht“, sagte die Mama.
Der Franz stopfte sich den Rest vom Kipferl in den Mund und wollte zur Tür raus.
Die Mama hielt ihn zurück. „Die Drogerie macht erst um neun auf“, sagte sie.
Der Franz setzte sich wieder hin und starrte auf seine Armbanduhr. Die hat einen Sekundenzeiger. Schrecklich langsam, fand der Franz, drehte der seine Runden. Als der Zeiger nur noch drei Runden bis neun Uhr vor sich hatte, rannte der Franz los.

Herzklopfen hatte der Franz, als er die Tür zur Drogerie öffnete.
Diesmal war es drinnen nicht so düster, weil das Deckenlicht brannte. Hinter dem Verkaufspult stand ein alter Herr. Für einen Papa war er zu alt. Das muss der Opa der Elfi sein, dachte der Franz.
„Womit kann ich dienen, junger Mann?“, fragte der alte Herr.

„Ostereier-Farbe, bitte“, piepste der Franz.
„Du musst lauter mit mir reden“, sagte der alte Herr. „Ich bin etwas schwerhörig.“
Der Franz räusperte sich. Das hilft manchmal gegen die Pieps-Stimme.
Ziemlich lange musste sich der Franz räuspern, bis er „Ostereier-Farbe“ krächzen konnte.
„Ja“, sagte der alte Herr. „Eibisch hilft gegen Heiserkeit.“ Er beugte sich zum Franz. „Willst du Eibisch-Tee oder lieber Lutsch-Tabletten?“
„Ostereier-Farbe!“, krächzte der Franz dem alten Herrn ins Ohr.
Endlich verstand der alte Herr und fragte: „Welche Farbe willst du? Rot? Blau? Gelb?“
Da kam aus der Tür zwischen den Regalen die Elfi, Baseball-Kappe bis über die Ohren, Kappenschirm über der Nase, Notizblock in der Hand. Sie ging zum alten Herrn und hielt ihm den Notizblock hin. Darauf stand: „Wir haben keine Eierfarbe mehr!“
Der alte Herr starrte auf die Elfi und auf den

Notizblock, bekam drei dicke Falten auf der Stirn und rief: „Hör mit diesem Unfug auf, und benimm dich nicht so vertrottelt!“
Vor Schreck blieb dem Franz die Luft weg.
Dass ein Opa so böse zu seiner kleinen, stummen Enkeltochter sein kann, hätte er nicht für möglich gehalten.

Der Elfi schien das nichts auszumachen. Sie kletterte aufs Pult und wollte wieder etwas auf den Notizblock schreiben.
Doch der alte Herr riss ihr den Block aus der Hand, knallte ihn aufs Verkaufspult und keifte: „So was von eitel wie dich gibt es kein zweites Mal! Millionen Kinder haben Zahnspangen, und keines stellt sich deswegen so blöd an!"
Der Franz atmete tief durch. Einmal, zweimal, dreimal. Dann war er sicher, dass er wieder normal reden konnte. Bloß wusste er nicht, was er sagen sollte.
„Gestern waren wir beim Zahnarzt", sagte der alte Herr zum Franz. „Und seither macht sie den Mund einfach nicht mehr auf!"
„Auch zum Essen nicht?", brüllte der Franz dem alten Herrn ins Ohr.
„Unter dem Tisch isst sie!", sagte der alte Herr. „Meine Tochter kommt erst morgen. Ich weiß wirklich nicht, was ich mit diesem Kind tun soll! Vielleicht kannst du sie zur Vernunft bringen, ich bin zu alt für solche Faxen!"

Dann verschwand er, vor sich hin schimpfend, durch die Tür zwischen den Regalen.
Der Franz setzte sich zur Elfi aufs Pult. „Ich bin froh, dass du nicht wirklich stumm bist“, sagte er.

Die Elfi nahm den Block. Sie riss das beschriebene Blatt runter und schrieb auf die nächste Seite: „Was zu viel ist, ist einfach zu viel!“
Keine Ahnung hatte der Franz, was das heißen sollte. Aber er nickte zustimmend.
Die Elfi riss das beschriebene Blatt vom Block und wollte wieder zu schreiben anfangen, doch der Franz sagte: „Schreiben dauert zu lange.

Dreh mir einfach den Rücken zu. Dann sehe ich dein Gesicht nicht, und du kannst reden."
Die Elfi nickte und drehte sich vom Franz weg.
„Was ist einfach zu viel?", fragte der Franz.
Die Elfi schwieg.
Der Franz dachte: Man muss Geduld haben, Drängeln bringt da nichts.

Ziemlich lang musste der Franz Geduld haben, bis die Elfi zu reden anfing. Aber dann legte sie los und war gar nicht mehr zu bremsen.
„Ich habe mich damit abgefunden", sagte sie, „dass ich immer und überall die Kleinste bin. Und damit, dass mein linkes Ohr wie ein Topfhenkel vom Kopf absteht. Und damit, dass ich ein braunes und ein grünes Auge habe. Mehr ertrage ich nicht! Die Zahnspange muss raus!"
Die Elfi riss sich die Kappe vom Kopf und drehte sich zum Franz. Sie hatte wirklich ein braunes und ein grünes Auge. Und ihr linkes Ohr stand ab.

Der Franz kennt viele Kinder mit abstehenden Ohren. Aber ein Kind, bei dem nur ein Ohr absteht, hatte er noch nie gesehen. Ein Kind mit verschiedenfarbigen Augen auch nicht.
„Du bist aber trotzdem sehr schön", sagte Franz. Und das meinte er ehrlich.
„Findest du mich jetzt auch noch schön?" Die Elfi riss den Mund auf und fletschte die Zähne. Wie ein Kampfhund, der zubeißen will.
Der Franz besah sich die Zahnspange. Eine echte Luxus-Zahnspange war das. Eine mit winzigen blauen Blümchen auf dem Draht. Auf jedem Zahn ein Blümchen.

„Toll!“, sagte der Franz. „Das ist eine wunderschöne Zahnspange!“
„Du spinnst ja!“, fauchte ihn die Elfi an. „Eine Zahnspange kann gar nicht schön sein!“
„*Du* spinnst!“, sagte der Franz. „Wenn Halsketten schön sein können und Haarreifen und Haarspangen, dann können doch auch Zahnspangen schön sein.“
„Da bist du aber der Einzige, der das so sieht“, sagte die Elfi.
„Und woher willst du das wissen?“, fragte der Franz. „Du hast ja außer mir noch keinem deine Zahnspange gezeigt.“
Die Elfi benagte ihre Unterlippe.
Ziemlich lange.
Dann sagte sie: „Okay. Probieren wir es aus. Gehen wir in den Park. Dort sind immer ein paar Kinder.“
Die Elfi wollte sich die riesige Baseball-Kappe wieder aufsetzen, doch der Franz nahm sie ihr aus der Hand.
„Ohne bist du viel hübscher!“, sagte er.

„Ohne sehen doch alle mein Henkelohr und meine blöden Augen“, sagte die Elfi.
„Ohne bist du trotzdem hübscher!“, beharrte der Franz.
„Na, wenn du meinst“, sagte die Elfi.
Sie sprang vom Verkaufspult und rief zur Tür zwischen den Regalen hin: „Opa, wir gehen schnell mal in den Park rüber!“
Der alte Herr kam zur Tür zwischen den Regalen und sagte zum Franz: „Danke, mein Lieber, du bist ein Glücksfall von einem Kind!“

Der Zahnspangen-Test

Wohl in der Haut fühlte sich der Franz nicht, als er mit der Elfi zum Mozart-Park ging. An den Wochenenden ist der Franz nie im Park. Da will er mit seiner Mama und seinem Papa zusammen sein. Er wusste also nicht, welche Kinder am Samstag im Park sind. Und es gibt ja dumme Kinder, die sich über Zahnspangen, verschiedenfarbige Augen und ein abstehendes Ohr lustig machen.
An der Kreuzung vor dem Park kam ihnen der Eberhard entgegen. „Ich geh in den Park“, sagte der Eberhard und besah sich neugierig die Elfi.
Der Franz sagte zur Elfi: „Das ist mein Freund, der Eberhard.“ Und zum Eberhard sagte er: „Das ist Elfi.“
„Wohin geht denn ihr?“, fragte der Eberhard.
„Auch in den Park“, sagte der Franz. „Die Zahnspange testen.“
„Wie testet man die?“, fragte der Eberhard.

„Beißt man da auf etwas Hartes?"
„Man zeigt sie her", sagte der Franz.
„Verstehe", murmelte der Eberhard. Das sagt er immer, wenn er etwas nicht versteht.

Auf dem Spielplatz im Park waren nur fünf Mädchen. Drei hüpften Gummi-Twist, zwei hockten oben auf dem Kletterturm und pusteten Seifenblasen über den Park.
„Ich probiere es zuerst bei den beiden auf dem Kletterturm", sagte die Elfi zum Franz.
„Soll ich mitkommen?", fragte der Franz.

„Das erledige ich lieber allein“, sagte die Elfi und lief zum Kletterturm.
Der Franz und der Eberhard setzten sich auf eine Wippschaukel und schauten zu, wie die Elfi die Sprossenleiter hochkletterte und sich zu den zwei Mädchen setzte.
„Ist sie deine Cousine?“, fragte der Eberhard.
Der Franz schüttelte den Kopf.
„Eine neue Freundin?“, fragte der Eberhard.
Der Franz nickte.
„Echt?“ Der Eberhard hatte kugelrunde Staun-Augen bekommen. „Seit wann denn?“
„Seit gestern“, sagte der Franz.
„Und?“, fragte der Eberhard.
Der Franz wusste nicht, was er antworten sollte. So zuckte er bloß mit den Schultern.
„Das mit diesem Zahnspangen-Test habe ich nicht kapiert“, gab der Eberhard zu.
„Sie hat Probleme“, erklärte der Franz. „Und eines davon ist ihre Zahnspange.“
„Tut sie ihr weh?“, fragte der Eberhard.
„Nein!“, sagte der Franz. Und weil ihn der

Eberhard ratlos ansah, erzählte er ihm, wie er die Elfi kennengelernt hatte. Und wie er sie zum Reden gebracht hatte.

„Da hast du ihr aber toll geholfen!“, sagte der Eberhard.

Der Franz deutete zum Kletterturm. „Aber nur, wenn die zwei nicht dumm über die Zahnspange reden.“

„Schaut nicht so aus“, sagte der Eberhard. „Die vertragen sich.“ Dann fragte er: „Und andere Probleme hat sie auch noch?“
„Sie ist zu klein“, antwortete der Franz. „Und ihr linkes Ohr steht ab. Und sie hat ein grünes und ein braunes Auge.“
„Hab ich nicht bemerkt“, sagte der Eberhard.
„Es gibt aber jede Menge Kinder“, sagte der Franz, „die dauernd nur drauf aus sind, was zum Auslachen zu finden.“
„Um solche Deppen sollte man sich nicht kümmern“, sagte der Eberhard.
„Jetzt klettert sie runter“, sagte der Franz.
„Ich glaube, sie schaut froh aus“, sagte der Eberhard.
Er hatte sich nicht geirrt. Lachend kam die Elfi zur Wippschaukel und sagte: „Die mit der grünen Hose hat auch eine und wollte wissen, wo es so eine wie meine gibt. Und wie viel die kostet. Hab ich aber leider nicht gewusst!“
Der Franz seufzte erleichtert. Dann schaute er auf seine Armbanduhr und erschrak.

„Ich muss heim!“, rief er. „Meine Mama macht sich sonst Sorgen!“
„Kann ich mitkommen?“, fragte die Elfi. „In der Drogerie ist es so langweilig.“
Der Franz zögerte. Das Wochenende war bisher immer Mama-Papa-Zeit für ihn gewesen. Aber ein Mal, dachte der Franz, kann man eine Ausnahme machen.
Also sagte er zur Elfi: „Na klar kannst du mitkommen.“
„Ich auch?“, fragte der Eberhard.
„Na sowieso“, sagte der Franz.

Weil die Wände Ohren haben

Als der Franz mit der Elfi und dem Eberhard heimkam, war nur der Josef zu Hause.
„Die Mama und der Papa haben ewig auf dich gewartet", sagte er. „Vor zehn Minuten sind sie allein zum Einkaufen gefahren." Er musterte die Elfi von oben bis unten und fragte grinsend: „Ist diese Mini-Maus deine neue Braut?" Und dann brüllte er „Aua-au!", denn der Franz war ihm mit aller Kraft auf die nackten Zehen getreten.
Das war dem Josef noch nie passiert! Verblüfft starrte er seinen kleinen Bruder an.

„Ich lasse meine Freunde nicht beleidigen!“, sagte der Franz und freute sich, dass seine Stimme nur ein bisschen piepsig klang.
„Versteht keinen Spaß, der Zwerg“, murmelte der Josef und humpelte in die Küche.
„Gehen wir in mein Zimmer, da stört uns der Hornochse nicht!“, schlug der Franz vor.
Er zeigte dem Eberhard und der Elfi den Helikopter, an dem er bastelte.
„Viel hast du noch nicht hingekriegt“, sagte der Eberhard.
„Ich hab kein Talent für so was“, gab der Franz zu.
„Talent hätte ich“, sagte der Eberhard „Aber meine Finger sind zu dick für kleine Teile.“
„Nichts als faule Ausreden!“, sagte die Elfi. „Zu dritt kriegen wir das schon hin.“

Bis die Mama und der Papa vom Franz heimkamen, bastelten die drei am Helikopter. Sie kamen flott voran und hatten dabei viel Spaß.

Ein bisschen erstaunt war die Mama vom Franz schon, als sie den Eberhard und das fremde Mädchen sah. Sie sagte: „Gleich gibt es Mittagessen. Ist genug für alle da. Aber ruft daheim an, sonst machen sich eure Eltern Sorgen.“
Die Elfi holte ihr Handy aus der Hosentasche und tippte eine SMS rein.
„Da erspar ich mir das Brüllen“, erklärte sie der Mama vom Franz. „Mein Opa ist nämlich schwerhörig.“
Der Eberhard lief in den Flur zum Telefon und rief seine Mama an.
Der Franz und der Eberhard haben kein Handy. Der Franz findet, dass er so ein Ding nicht braucht. Und der Eberhard bekommt keines mehr, weil er schon zwei verloren hat.
Zum Mittagessen gab es gegrillte Hühner aus dem Supermarkt. Und Krapfen vom Konditor. Der Josef maulte, weil er wegen der Gäste nur zwei statt drei Krapfen bekam.

Aber wenigstens wartete er mit dem Maulen, bis die Elfi und der Eberhard wieder im Zimmer vom Franz waren.
Zum ersten Mal im Leben machte dem Franz das Basteln richtig Spaß.
Dass man „zu dritt“ ohne Streit, ohne böse Blicke, ohne beleidigte Miene zusammen etwas tun kann, hatte er noch nie erlebt. Weil es „zu dritt“ mit der Gabi und dem Eberhard immer Zoff und Zank gegeben hatte. So ein friedlicher Tag zu dritt, dachte er, ist einfach super!
Aber man soll den Tag nicht vor dem Abend loben! Nicht einmal vor dem Nachmittag!

Gegen fünfzehn Uhr fehlte dem Helikopter nur noch das Fahrgestell. Da klingelte es an der Wohnungstür. Dreißig Sekunden später stand die Gabi im Zimmer. Fuchsteufelswild schaute sie drein.
„Ich habe Kopfweh und brauche Ruhe!“, keifte sie. „Hört sofort auf, Lärm zu machen!“ Dann

marschierte sie ab und knallte hinter sich die Zimmertür und die Wohnungstür zu.

„Was war denn das?“, fragte die Elfi.

Der Franz schwieg.

„Seine Freundin war das“, erklärte der Eberhard. „Sie wohnt nebenan. Und hat mehr Haare auf den Zähnen als am Kopf.“

„Wir waren doch gar nicht laut“, sagte die Elfi.
„In dem Haus haben die Wände Ohren“, sagte der Eberhard. „Da hört man jedes Wort durch.“
„Dann gehen wir jetzt wohl besser, oder?“, fragte die Elfi.
Der Franz schwieg weiter. War ja klar, dachte er, dass das passieren muss. Vor der Gabi lässt sich nichts geheim halten.
„Ja, wir gehen besser“, sagte der Eberhard.
Und der Franz schwieg noch immer.
Zum Abschied sagte die Elfi: „Mein Opa wohnt über der Drogerie. Ich bin morgen bis fünf Uhr bei ihm.“
„Ja!“, piepste der Franz. Mehr schaffte er nicht.

Kaum waren die Elfi und der Eberhard weg, marschierte die Gabi wieder an, hockte sich aufs Bett vom Franz und hielt ihm einen Vortrag:
Sehr kränkend sei es, sagte sie, dass sie an den Wochenenden nie zum Franz rübergehen dürfe, aber der Eberhard mit seiner blöden

Freundin schon! Anscheinend habe er den öden Kerl lieber als sie!
„Nein, nein“, piepste der Franz. „Das war nur eine zufällige Ausnahme.“

Dass die Elfi nicht die Freundin vom Eberhard ist, sagte er der Gabi nicht. So viel Mut von sich zu verlangen, schien ihm übertrieben.

Ein schwerer Stein in der Brust

Wenn der Franz mit einem Problem gar nicht zurechtkommt, geht er zu seiner Mama.
Das tat der Franz am Sonntag vor dem Frühstück, als seine Mama in der Badewanne lag.
Er setzte sich auf den Wannenrand, seufzte tief und wusste nicht, wie er anfangen sollte.
„Diese Elfi gefällt mir gut", sagte die Mama.
„Aber die Gabi wird sich mit ihr nicht vertragen", sagte der Franz.
„Vielleicht doch", sagte die Mama. „Das muss man ausprobieren."
Der Franz schüttelte den Kopf. Oft genug hatte er erlebt, wie böse die Gabi spotten

kann, wenn sie wen nicht mag. Da würden ihr eine Zahnspange, ein Henkelohr und zwei verschiedene Augen gerade recht kommen!
„Und wenn es gar nicht geht“, sagte die Mama, „musst du eben deine Freizeit zwischen der Gabi und der Elfi teilen.“
„Das wird die Gabi aber auch nicht wollen“, sagte der Franz.
„Was die Gabi will, ist ihre Sache“, sagte die Mama. „Überleg dir, was *du* willst.“
Der Franz seufzte noch einmal tief, dann ging er mit hängendem Kopf aus dem Badezimmer.
„Was hast du denn, Franz?“, fragte der Papa beim Frühstück. „Du schaust so traurig aus.“
„Ich überlege, was ich will“, sagte der Franz.
Der Josef sagte: „Er überlegt, ob er es wagen soll, neben der Gabi noch eine Freundin zu haben!“
„Josef, quatsch keinen Mist!“, rief der Papa.
„Das ist kein Mist“, sagte der Josef. „Ich habe gehört, was er mit der Mama im Bad geredet hat.“

„Stimmt das?“, fragte der Papa den Franz.
Der Franz nickte.
„Also echt, Franz!“ Der Papa schüttelte den Kopf. „Du kannst zehn Freundinnen haben, ob es der Gabi gefällt oder nicht. Lass dich von dem kleinen Biest nicht unterdrücken!“
„Genau!“, rief der Josef. „Die wird klein beigeben. Außer dir hat sie eh keine Freunde! Die braucht dich mehr als du sie!“
„Da hat dein großer Bruder ausnahmsweise einmal recht!“, sagte die Mama.
Der Franz stand auf und sagte: „Okay, dann geh ich jetzt in die Drogerie!“
Auf der Treppe traf er die Gabi. Sie hatte die Sonntagszeitung geholt.
„Wo gehst du hin?“, fragte sie.
Der Franz dachte ganz fest an das, was der Papa, der Josef und die Mama beim Frühstück gesagt hatten. Er holte tief Luft und sagte: „Zur Elfi!“
„Wer ist denn die?“, fragte die Gabi.
„Die von gestern“, sagte der Franz.

„Die Freundin vom Eberhard?“, fragte die Gabi, „die mit dem Kaktus-Ohrwaschel?“
„Sie ist meine Freundin!“, sagte der Franz, schubste die Gabi zur Seite und lief zur Haustür.

Auf dem Weg zur Drogerie fiel dem Franz ein, dass er den Nachnamen vom Opa der Elfi nicht kannte und nicht wusste, an welcher Tür im ersten Stock er klingeln sollte.
Der Franz hatte Glück. Im Hausflur wischte eine Frau die Fliesen. Die fragte der Franz.

„Wo *Bolke* an der Tür steht“, sagte die Frau. Der Franz lief in den ersten Stock und klingelte bei „Bolke“.

Eine Dame öffnete die Tür. Hinter ihr tauchte die Elfi auf und rief: „Mama, das ist der Franz, von dem ich dir erzählt habe!“

Die Elfi führte den Franz in ein riesiges Zimmer voll uralter Möbel. Sogar ein Klavier gab es da. Und eine Standuhr.

„Wo ist dein Zimmer?“, fragte der Franz.

„Ich habe hier kein Zimmer“, sagte die Elfi. „Ich bin ja nur selten hier. Diesmal wegen der Zahnspange. Ich wohne in Krems.“

Der Franz fühlte sich plötzlich hundeelend. Irgendetwas stimmte in seiner Brust nicht. Als ob er einen schweren Stein verschluckt hätte. „Ich habe geglaubt, dass ich bis fünf Uhr dableibe“, sagte die Elfi, „aber die Mama will schon jetzt fahren.“
Sie nahm einen Briefumschlag vom Klavier und gab ihn dem Franz. Auf dem Umschlag stand: *An Franz Fröstl, Hasengasse 12.*

„Weil ich gedacht habe, dass ich dich nicht mehr sehe“, sagte die Elfi, „habe ich dir einen Brief geschrieben. Darin steht, dass ich deine Brieffreundin sein möchte.“
Der Umschlag war zu groß, um ihn in die Hosentasche zu stecken. So schob ihn der Franz unter den Pulli.

„Wirst du zurückschreiben?“, fragte die Elfi.
Der Franz nickte. Nicht bloß ein Mal, mindestens ein Dutzend Mal. Ungefähr so wie der Wackel-Dackel, der hinten im Auto der Gabi-Mama sitzt.
„Ich schreibe dir jede Woche einen Brief“, sagte die Elfi. „Ehrenwort!“
Dann kam die Mama der Elfi ins Zimmer und sagte: „Wir müssen los!“
Der Franz begleitete die Elfi zum Auto, wartete, bis das Auto abfuhr, und winkte hinterher. Den schweren Stein spürte er nicht mehr in der

Brust. Der war weg, seit der Brief unter seinem Pulli steckte.
Am Montag in der Früh war der Franz nervös. Unentwegt überlegte er: Wird die Gabi um Viertel vor acht an der Tür klingeln, um mich abzuholen? Oder ist sie böse auf mich und zieht allein los?
Die Gabi klingelte! Fünf Minuten früher als sonst. Beleidigt sah sie auch nicht aus. Sie nahm den Franz sogar an der Hand, als sie die Treppe runtergingen.
Und sie lächelte ihn lieb an und sagte: „Ich werde mich ändern, ehrlich wahr!"
„Wieso?", fragte der Franz.
„Deshalb, weil du eine neue Freundin hast", sagte die Gabi. „Aber du bist auch schuld, weil du dir von mir alles gefallen lässt."
Vor der Haustür blieb die Gabi stehen. Ohne die Hand vom Franz loszulassen, sagte sie: „Ab jetzt schreist du immer STOPP, wenn ich eklig bin. Ich schwöre, dann höre ich auf. Weil, ich will nicht eklig sein, ich merke es bloß nicht."

„Okay“, sagte der Franz und marschierte vergnügt mit der Gabi zur Schule.
Am Abend fragte die Mama den Franz: „Was wünschst du dir vom Osterhasen?“
Der Josef sagte: „Der Knirps weiß doch nie, was er sich wünschen soll.“
„Doch!“, rief der Franz. „Ganz viel Briefpapier. Und Umschläge. Und Briefmarken!“

Gabi
Franz
Elfi

LESESTARTER

Rätselpfad

Welcher Weg führt zum Lösungswort?

Der Eberhard Most sitzt in der Schule neben

S dem Franz.

T der Gabi.

Der Franz hatte noch nie ein gleichaltriges Kind getroffen, das

O größer war als er.

P kleiner war als er.

An den Wochenenden ist der Franz

A nie im Park.

K immer in der Schwimmhalle.

Lösungswort: SPANGE

Zum Mittagessen gab es aus dem Supermarkt

- N gegrillte Hühner.
- L Tiefkühlpizza.

Die Elfi führte den Franz in ein Zimmer

- R mit hohen Regalen.
- G voll uralter Möbel.

Der Franz fühlte sich plötzlich

- E hundeelend.
- U quietschvergnügt.

LÖSUNGSWORT:

S	P	A	N	G	

Noch viel mehr vom Franz

LESESTARTER
3. Lesestufe

Christine Nöstlinger
Neue Schulgeschichten vom Franz
ISBN 978-3-7891-1212-6

Christine Nöstlinger
Schulgeschichten vom Franz
ISBN 978-3-7891-1107-5

Christine Nöstlinger
Feriengeschichten vom Franz
ISBN 978-3-7891-1267-6

Christine Nöstlinger
Hundegeschichten vom Franz
ISBN 978-3-7891-1282-9

Oetinger

Weitere Informationen unter **www.oetinger.de**

FSC
www.fsc.org
MIX
Papier aus verantwortungsvollen Quellen
FSC® C002795

Überarbeitete Neuausgabe

1. Auflage

Poppenbütteler Chaussee 53, 22397 Hamburg

Titelbild und farbige Illustrationen von Erhard Dietl
Einband- und Reihengestaltung von Andrea Pieper
Reproduktion: Domino Medienservice GmbH, Lübeck
Druck und Bindung: Livonia Print SIA,
Ventspils iela 50, LV-1002, Riga, Lettland
*Printed 2020/3
ISBN 978-3-7891-1394-9

www.oetinger.de